QUÉBEC LA CAPITALE

QUÉBEC
LA CAPITALE

PHOTOS DE
DENIS DROLET

ÉDITIONS DU TRÉCARRÉ

Les textes et les photographies de cet ouvrage sont tirés du cédérom *Québec la capitale* produit par ABCD-ROM inc.

Conception graphique : Dufour et fille Design inc.

Révision linguistique : Marie Rose Vianna

Direction éditoriale et choix des textes : Colette Laberge

Photographies : **Denis Drolet, Archives de la Ville de Québec** : pages 17 (*en bas*), 22 (*en bas à droite*), 32, 59 (*en haut*), 60 (en bas), 74 (*en haut*), 75 (*en haut à droite et à gauche*), 92 (*en bas*), 93 (*en bas*) / Fonds de Louis Lachance. **Archives nationales du Québec** : pages 37 (*en bas*), 47 (*en haut*), 77 (*en haut*). **Parcs Canada** : pages 24-25 / François Fortin. **Archives nationales du Canada** : page 7 (*en bas*).

ISBN 2-89249-690-X

Dépôt légal 1997
Bibliothèque nationale du Québec

Éditions du Trécarré
Saint-Laurent (Québec) Canada

IMPRIMÉ AU CANADA

PRÉFACE

FINEMENT ciselée par des siècles d'occupation amérindienne et européenne, célébrée par des poètes, chanteurs, peintres, écrivains et humanisée par des artisans, charpentiers, sculpteurs, la ville de Québec a été de tout temps un lieu d'inspiration. Seule ville fortifiée en Amérique du Nord et d'ailleurs l'une des plus belles de tout le continent, la séduction opère toujours. L'UNESCO l'a bien reconnu lorsqu'en 1985 elle l'a inscrite dans la conscience mondiale aux côtés de Florence, Varsovie, Dubronik et Venise, notamment, parmi les trésors de la planète.

Dans la foulée de la parution du cédérom *Québec la capitale,* le livre que lui consacrent aujourd'hui les Éditions du Trécarré met en images de façon splendide les atouts indéniables de la ville de Champlain comme autant de jalons entre hier et maintenant. Une fois de plus, c'est notre héritage qui défile devant nos yeux, source d'émotion et de fierté. De beauté.

Comme ministre de la Culture et des Communications, comme historienne et aussi parce que je suis profondément amoureuse de Québec, je suis heureuse de m'associer à l'hommage que constitue cet album à notre capitale, foyer de traditions et lieu d'appartenance. Merci à tous ceux et celles qui ont contribué à sa réalisation.

Louise BEAUDOIN
Ministre de la Culture et des Communications

La ville de Québec, classée ville du patrimoine mondial, est le berceau de la civilisation française en Amérique et a tenu le rang de place forte stratégique pendant près de trois siècles.

Québec, c'est un quartier ancien qui témoigne du grand rôle que la ville a joué dans l'histoire. C'est également une ville vivante dont les trésors culturels et la beauté naturelle ne cessent d'émouvoir et d'émerveiller.

MAISON HENRY-STUART

Bâtie en 1849, la maison Henry-Stuart est l'un des rares exemples, à Québec, de cottage anglo-normand de style Regency. Elle se caractérise par sa large toiture en pavillon qui charpente une galerie basse autour de la demeure.

MUSÉE DU QUÉBEC

Le Musée du Québec, constitué de trois pavillons contigus, forme un ensemble architectural impressionnant. Le pavillon Charles-Baillairgé (*en haut à gauche, édifice de droite*), bâtiment patrimonial construit entre 1861 et 1871, abrita pendant près d'un siècle la prison de Québec. Le grand hall (*ci-dessus à droite*), pavillon central coiffé de lanterneaux, est de construction plus récente et souligne par là même l'esprit de modernité du Musée du Québec.

Le pavillon Gérard-Morissette (*ci-contre*), de style néoclassique, se distingue par la qualité de son ornementation intérieure, des bas-reliefs de la façade, du fronton et de la porte d'entrée.

The Maine Line

MANÈGE MILITAIRE

Résidence du régiment des Voltigeurs de Québec fondé en 1862, le manège militaire sert à l'exercice des troupes et à la tenue d'activités mondaines. Eugène-Étienne Taché, le maître d'œuvre, s'inspirant du style Château, dota le manège de hautes cheminées et de tourelles.

MONUMENT SHORT-WALLICK

Le monument Short-Wallick a été érigé sur le terrain du manège militaire, à la mémoire de deux soldats britanniques morts héroïquement en combattant l'incendie de Saint-Sauveur, en 1889.

HÔTEL DU PARLEMENT

Québec devient la capitale provinciale en 1867 et dix ans plus tard, sur un ancien terrain de cricket, s'ébauche le chantier du siècle, celui du Parlement.

En créant un bâtiment de style Second Empire, formant un quadrilatère autour d'une cour intérieure, Eugène-Étienne Taché s'inspire du Vieux Louvre et souligne ainsi l'attachement des Québécois à la France.

e 25 juin 1912, la égislature de la province e Québec fait ériger, devant Parlement, un monument la mémoire de l'honorable Honoré Mercier, premier ministre du Québec de 887 à 1891. La statue en ronze est l'œuvre du culpteur Paul Chevré qui, oit dit en passant, fut l'un es rescapés du naufrage du *itanic* en 1912 (*À l'extrême auche*).

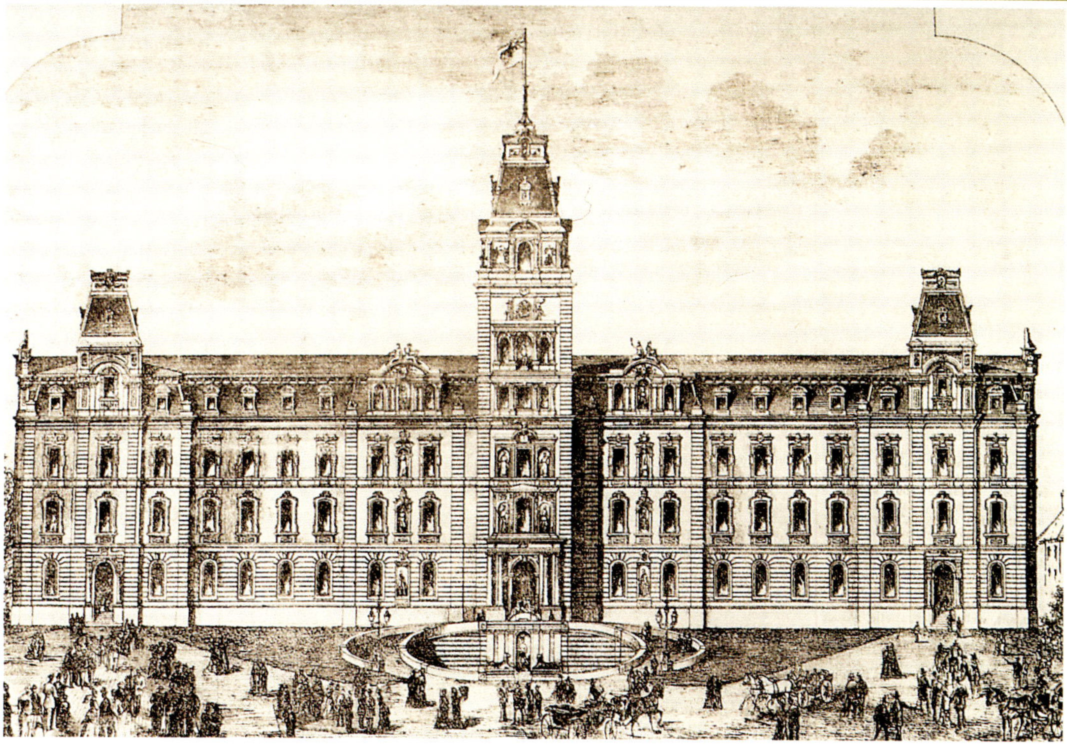

WOLFE
MONTCALM

La façade du Parlement a l'aspect d'une fresque historique où évoluent les grandes figures de l'histoire nationale : découvreurs et fondateurs, membres du clergé, grands capitaines, gouverneurs anglais et premiers parlementaires.

Pendant de nombreuses années, le talent de nos plus grands sculpteurs sera mis à contribution. La première statue installée est celle de Frontenac, en 1890, et la dernière, celle de Maisonneuve, en 1969. On constate que les personnages du régime français prédominent, mais que les autochtones sont magnifiquement représentés par le *Pêcheur à la nigog* (*à droite*). Quant à *La halte dans la forêt*, une œuvre du sculpteur Louis-Philippe Hébert, elle sera d'abord présentée à l'Exposition universelle de Paris, en 1889, avant de prendre place à l'avant de la tour centrale (*à l'extrême droite*).

TOUR MARTELLO

Érigée sur le promontoire des plaines d'Abraham, cette tour fortifiée en pierre ou en maçonnerie épaisse était réputée pour résister victorieusement aux tirs de l'artillerie navale. Celle-ci fait partie des 16 tours Martello construites en Amérique du Nord par les Britanniques au début du XIXe siècle (*à gauche*).

PLAINES D'ABRAHAM

En 1646, Abraham Martin faisait paître son bétail dans un champ appelé les hauteurs d'Abraham. Ensuite ces terres appartiendront à des personnes ou des institutions comme les ursulines qui vont y pratiquer l'agriculture pendant de longues années. Au moins, jusqu'à ce que les Britanniques exproprient le terrain pour le convertir en une zone militaire libre de toute construction autour de la citadelle et des tours Martello (*ci-dessous*).

Occupant le bâtiment de l'ancienne poudrière (1750) et celui de l'ancienne prison militaire, à l'intérieur de la citadelle, le musée du Royal 22e régiment est consacré à l'histoire de ce régiment et de la citadelle. On y retrace également les faits militaires qui se sont déroulés sous les régimes français et anglais. Il renferme une intéressante collection d'armes légères, de pièces d'artillerie lourde, d'uniformes, de décorations militaires et de documents d'archives.

L'énorme chantier a commencé en mai 1820. Achevée en 1831, la citadelle n'a jamais subi de siège. Actuellement, elle sert encore de quartier général au Royal 22e régiment et abrite une résidence destinée au gouverneur général du Canada (*à droite*).

La porte Dalhousie, seule véritable porte militaire qui subsiste à Québec, garde l'entrée de la citadelle, la pièce maîtresse des fortifications érigées par les Britanniques (*ci-contre à gauche*).

C'est un ouvrage militaire imposant, conçu par l'ingénieur Durnford selon un plan en étoile caractéristique des fortifications à la Vauban. Son emplacement stratégique lui permettait de défendre le passage du fleuve devant Québec, de contrer une attaque par les plaines d'Abraham et de servir de refuge à la garnison en dernier recours ou en cas de soulèvement des habitants.

Photo : Parcs Canada/François Fortin

Ancienne fortification militaire, la citadelle est désormais un endroit paisible d'où l'on a une vue saisissante sur la ville et ses environs.

LE CHÂTEAU FRONTENAC

Le Château Frontenac est devenu le symbole de la ville de Québec et l'établissement hôtelier le plus photographié au monde.

En 1892, quand l'architecte américain Bruce Price jette son regard sur le promontoire où on lui propose de construire un hôtel de prestige, il sait déjà qu'il va produire une œuvre imposante.

Inspiré par le pittoresque du site, Price le transpose tout naturellement dans les hautes toitures, dans les poivrières qui allongent sa silhouette et les nombreuses lucarnes de grandeurs et de formes diverses. Cette architecture de style Château rallie tous les suffrages et l'affluence des touristes est telle qu'il faut agrandir l'hôtel dès 1899 et une fois encore en 1908.

À l'époque, la tour centrale de 17 étages n'existe pas encore. C'est en 1924 qu'elle vient rehausser l'effet monumental de l'édifice, encore souligné par la construction de l'aile qui borde la rue Saint-Louis. Le nombre de chambres passe alors de 170 à 658.

Aujourd'hui, après 100 ans d'existence, le plus célèbre château de l'Amérique du Nord vient d'être restauré et à nouveau agrandi.

À la fin du XIXe siècle, Québec est virtuellement coupée de tout contact avec l'extérieur durant les mois d'hiver, car le port est bloqué par les glaces et les routes souvent impraticables. Les affaires stagnent au point que les industriels sont en quête de solutions pour relancer l'économie malgré le froid et la neige.

C'est le président du Canadien Pacifique qui aura l'idée du siècle : construire un hôtel de luxe, accessible par chemin de fer, qui permettra d'exploiter les côtés positifs de l'hiver.

On choisit pour ce projet le site le plus prestigieux de la ville, on lui donne un style Château et on le baptise du nom d'un gouverneur audacieux, Frontenac.

MAISONS SISES AU 73-81, RUE SAINTE-ANNE

Construites entre 1875 et 1885 d'après les plans de l'architecte Joseph-Ferdinand Peachy, ces cinq maisons en rangée portent l'empreinte du style Second Empire qui caractérise les ouvrages de cet architecte (*à gauche*).

MAISONS SISES AU 2-16, RUE LAPORTE

Datant de 1899 et 1900, cette belle succession de maisons est typique du style victorien dit *terrace*. Ces demeures sont édifiées en pierre de sable provenant de Bouctouche, au Nouveau-Brunswick (*ci-dessous à gauche*).

MAISON JACQUET

Nous sommes devant la plus vieille habitation de la haute-ville, la maison Jacquet. Si l'on fait abstraction des ajouts opérés au XIXe siècle, on retrouve ici les caractéristiques des toutes premières résidences de la colonie, qui s'inspiraient à l'époque de modèles français. D'abord un toit très haut par rapport à la base, puis un corps de logis simple n'abritant souvent qu'une seule pièce et dont les murs sont enduits de crépi qui protège les joints, mais surtout masque les imperfections des pierres grossièrement équarries (*ci-dessus et à droite*).

MAISON CIRICE-TÊTU

Véritable chef-d'œuvre de style néogrec, la maison Cirice-Têtu est érigée d'après les plans de l'architecte Charles Baillairgé qui l'a dotée de larges baies vitrées s'ouvrant sur un grand salon à la londonienne. Au moment de sa construction, en 1852, cette magnifique résidence est équipée des dernières commodités de la vie « moderne »: chauffage central à air chaud, eau courante froide et chaude, ainsi que plusieurs salles de bains! (*ci-contre à gauche*)

MAISON GARNEAU

Cette maison fut la dernière demeur de Francois-Xavier Garneau, un Québécois de souche modeste, deve par la suite notaire, greffier de la vill et écrivain. Son *Histoire du Canada*, publiée entre 1845 et 1852, est sans doute le plus important des ouvrage québécois du XIXe siècle.

Vue de l'extérieur, c'est une maison bourgeoise et sobre, de style néoclas sique, avec une promenade des veuv où les personnes respectables peuve prendre l'air à l'abri des regards. Ma à l'intérieur, il se fait un retour insta tané à l'époque victorienne.

Où que nous mènent nos pas, laisso notre regard s'attarder sur les encad ments de cheminées, les moulures d chambranles de portes, les lampes et plafonniers qui autrefois étaient écla rés au gaz, ainsi que sur tous les livr meubles et objets d'usage courant q nous racontent la vie bourgeoise de cette époque.

MAISON SEWELL

En retrait de la rue, derrière une grille de fer forgé, cette maison a été construite pour Jonathan Sewell, un loyaliste américain qui devint juge en chef du Bas-Canada et qui défendit ardemment la culture anglophone.

Entre autres choses, les Anglais ont introduit dans les maisons québécoises une organisation de l'espace qui permettait de circuler sans avoir à traverser des pièces en enfilade, comme c'était le cas chez les Français.

On peut d'ailleurs deviner le plan intérieur de la maison en observant la symétrie des fenêtres de part et d'autre d'une porte centrée sur la façade.

À la cave, les cuisines et au rez-de-chaussée, le hall d'entrée qui donnait accès aux différentes pièces; enfin, le bel étage auquel on monte par un escalier monumental.

Quant au comble à l'anglaise, il est couvert de tôle à baguette, une technique qui ne tardera pas à connaître une grande vogue (*ci-dessus*).

MAISON DE MADAME DE LA PELTRIE

Érigée en 1836 sur les anciennes structures du XVIIIe siècle, la maison de Madame de la Peltrie est l'œuvre du maître maçon François Fortier et de l'architecte Thomas Baillairgé. Le bâtiment en pierre sert d'abord d'externat pour les élèves, et, à la suite de l'ajout d'un étage par l'architecte Joseph-Ferdinand Peachy, elle tient lieu de maison provinciale, de juvénat, puis elle devient le Centre Marie-de-l'Incarnation avant d'être convertie en ce Musée des ursulines que nous connaissons aujourd'hui (*à droite*).

Serge Bruyère
Portofino
bolé

MAISON LIVERNOIS

À l'angle des rues Couillard et Saint-Jean s'élève la maison Livernois construite en 1852. Elle sert de résidence et de studio aux célèbres photographes Livernois : Jules, le père, puis ses fils Victor et Maurice qui tiennent commerce jusqu'en 1979. Cette maison de style néoclassique anglais est l'œuvre de l'architecte britannique Frederick Hacker.

MAISON DU DUC DE KENT

C'est sur le site de cette résidence construite entre 1648 et 1650 qu'est signée la capitulation de Québec en 1759. Le père de la reine Victoria, le duc de Kent, y aurait séjourné quelque temps. Ironie du sort, la maison est aujourd'hui occupée par le consulat général de France!

MAISON PÉAN DE LIVAUDIÈRE

En 1720, la maison de Péan de Livaudière est édifiée sur des voûtes en maçonnerie de pierre, dont la partie supérieure se trouve hors du sol. Cette particularité permet d'élever le rez-de-chaussée au-dessus du niveau de la rue et accentue le confort des lieux. Malgré l'ajout d'un étage en 1797, cette demeure illustre un type de construction fort répandu à l'époque : un long bâtiment sans étage dont les ouvertures sont réparties symétriquement.

MAISON SISE AU 40, RUE SAINTE-ANGÈLE

En 1813, le menuisier Charles Marié fait construire cette maison en pierre dont on peut admirer le portique ouvragé d'esprit néo-classique. Signalons pour la petite histoire que cette demeure est passée à la postérité grâce au film *I Confess* du cinéaste britannique Alfred Hitchcock qui l'avait choisie comme lieu de tournage (*ci-dessus*).

MAISON MAILLOU

Bâtie en 1736 par Jean Maillou, architecte et maçon, cette maison s'accroît de deux travées vers 1766, et sera dotée d'un autre étage une trentaine d'années plus tard. La Crise de 1929 fait avorter un projet d'agrandissement du Château Frontenac sur ce site, et sauve ainsi la maison Maillou de la démolition (*à droite*).

ÉDIFICE PRICE

Le premier gratte-ciel de la ville, érigé en 1929, s'intègre admirablement bien à l'environnement architectural du Vieux-Québec. Sa toiture de cuivre de style Château et sa forme pyramidale conçue pour ne pas projeter d'ombre sur les constructions voisines témoignent de ce souci d'harmonisation cher aux architectes montréalais Ross et Macdonald (*ci-dessus et à gauche*).

HÔTEL DE VILLE

L'hôtel de ville de Québec est le premier bâtiment pour la construction duquel fut lancé un concours d'architecture. Aucune des propositions en provenance de toute l'Amérique du Nord n'a été retenue et c'est l'architecte québécois Georges-Émile Tanguay que l'on a chargé de concevoir et de réaliser le projet (*en haut à droite*).

ANCIEN PALAIS DE JUSTICE

Construit de 1883 à 1887 par l'architecte Eugène-Étienne Taché, l'ancien palais de justice sera par la suite agrandi, puis rénové. Malgré ces transformations, il conserve son style Second Empire. L'intérieur est cependant complètement modifié. L'escalier d'honneur, les plafonds à caissons polychromes et les riches boiseries demeurent ses éléments architecturaux les plus remarquables. Classé monument historique, le palais abrite le ministère des Finances depuis 1987 (*ci-contre à droite*).

LES PORTES

Lorsque la garnison a quitté Québec en 1871, les fortifications se sont révélées inutiles tout autant que les portes. On a donc commencé à les démanteler. La porte Saint-Louis a disparu, suivie des portes Prescott, Hope et du Palais. Il s'en est fallu de peu que les murs aussi soient rasés. Cependant lord Dufferin, alors gouverneur général du Canada, s'est interposé, car il tenait beaucoup à préserver le cachet historique de la ville de Québec. Il a même voulu la gratifier de portes plus belles, et plus dignes, dans son esprit, de cette grande forteresse. Il a donc fait reconstruire la porte Saint-Louis (*ci-dessous*) en y ajoutant la porte Kent (*à gauche*).

PORTE SAINT-JEAN

La première porte Saint-Jean a été construite en 1693, au temps de Frontenac. Depuis lors, elle a été déplacée et rebâtie plusieurs fois, en 1867 entre autres. Puis elle a disparu complètement pendant près de 40 ans, pour réapparaître en 1939 telle qu'elle est de nos jours, avec son ouverture très large qui élimine les goulots d'étranglement et sa grande tour qui perpétue la mémoire du projet Dufferin.

THEATRE CAPITOLE
1 LES MEILLEURS
2 AU MEILLEUR
3 SUR GRAND

Mickaela
48

THÉÂTRE CAPITOLE

Pour tirer parti au maximum d'un lot de terrain très étroit, l'architecte américain Walter Scott Painter opte pour une façade en quart-de-rond de style Beaux-Arts, très imposante avec son porche robuste surmonté de colonnes monumentales et son attique sous un toit bombé recouvert d'ardoises. Abandonné pendant plusieurs années, l'édifice sort finalement de l'oubli en 1990 quand on entreprend de le restaurer (*à gauche*).

PALAIS MONTCALM

Immeuble de style Art déco à vocation culturelle, le palais Montcalm a été construit en 1932. Œuvres théâtrales, concerts de musique classique et spectacles de variétés se succèdent sur la scène de la salle Raoul-Jobin (*en haut à droite*).

RUE SAINT-JEAN

Épine dorsale du Vieux-Québec, la rue Saint-Jean connaît un achalandage accru par suite de l'arrivée des tramways hippomobiles en 1874. L'étroitesse de la rue incite la ville à procéder à des travaux d'élargissement en 1888. Dans les années 1970, elle retrouve son dynamisme d'antan avec l'implantation de nouveaux commerces tels que restaurants, bars, boutiques et banques. L'animation et la vie de quartier intense de la rue Saint-Jean attirent de nombreux visiteurs (*ci-contre à gauche et à droite*).

ÉGLISE UNIE CHALMERS-WESLEY

L'église unie Chalmers-Wesley de style néogothique a été conçue en 1852 par l'architecte montréalais John Wells. Ainsi nommée en l'honneur du théologien Thomas Chalmers, cette église est dédiée jusqu'en 1931 aux presbytériens d'origine écossaise, puis elle s'ouvre aux méthodistes wesleyens, et prendra alors le nom de Chalmers Wesley United Church (*ci-dessus à gauche*).

SANCTUAIRE NOTRE-DAME-DU-SACRÉ-CŒUR

Œuvre de l'architecte François-Xavier Berlinguet, le sanctuaire Notre-Dame-du-Sacré-Cœur s'orne d'une façade à deux clochers de style néogothique. Datant de 1910, ce sanctuaire se distingue surtout par ses verrières. Les nombreuses plaques de marbre qui recouvrent les murs sont autant de témoignages de reconnaissance pour des faveurs obtenues qui rappellent les ex-voto de naguère (*ci-dessus à droite*).

CHAPELLE DES JÉSUITES

Véritable monument de l'art, cette chapelle a été construite en 1818 d'après les plans de François Baillairgé. Outre ses sculptures et tableaux, la chapelle des jésuites recèle de nombreux trésors d'art religieux dont un maître-autel en pin sculpté, délicatement ciselé, des statues de bois de la Vierge et de saint Joseph du sculpteur Pierre-Noël Levasseur, un chemin de croix de Médard Bourgault, une statue de saint Antoine de Padoue par Jacques Baillairgé ainsi que deux gisants d'Alfred Laliberté (*à gauche*).

MORRIN COLLEGE

Ce bel édifice de style palladien, reconnaissable à son avant-corps doté d'un large fronton et de pilastres doriques, était en réalité une prison dont le plan avait été tracé par François Baillairgé. Les blocs cellulaires étaient répartis sur plusieurs étages dans les ailes.

Par mesure de sécurité, les couloirs fort étroits ne laissaient passer qu'une personne à la fois.

Lorsqu'on a demandé à l'architecte Joseph-Ferdinand Peachy de transformer la prison en collège au cours des années 1860, il a conservé deux blocs cellulaires pour éviter d'affaiblir la structure et, de ce fait, nous avons des vestiges des conditions d'incarcération au XIXe siècle (*ci-dessus*).

ÉGLISE ST. MATTHEW

L'église anglicane St. Matthew est construite, en 1848, sur le site du premier cimetière protestant de Québec par l'architecte-maçon John Cliff. Toutefois, c'est le Montréalais William Tutin Thomas qui la dote de ce style gothique cher à l'Église anglicane. Classé monument historique en 1978, l'édifice renferme aujourd'hui la bibliothèque du quartier Saint-Jean-Baptiste (*ci-dessus à gauche*).

ANCIENNE ÉGLISE WESLEYENNE

Première église de style néogothique à Québec, l'église wesleyenne est érigée en 1848 d'après les plans de l'architecte Edward Staveley. Désaffecté en 1931 lors de la fusion des communautés méthodiste wesleyenne et presbytérienne Chalmers, cet ancien lieu du culte est racheté par la ville de Québec qui le réaménage pour y loger l'Institut canadien. Transformé en salle de spectacle et en bibliothèque, on y présentera concerts, pièces de théâtre et conférences (*ci-dessus à droite*).

HOLY TRINITY

Première cathédrale anglicane érigée à l'extérieur du Royaume-Uni, Holy Trinity est un bel exemple d'architecture néoclassique anglaise avec les pilastres qui ornent sa façade et le grand fronton triangulaire formé par le profil de son toit. La cathédrale possédait autrefois un toit de forme moins accusée, mais il a fallu en accentuer la pente après quelques hivers pour permettre une meilleure évacuation de la neige. On y a alors ajouté un deuxième oculus au-dessus du premier.

Presbytère de l'église anglicane (*à droite*).

ÉGLISE ST. ANDREW

L'église presbytérienne St. Andrew dessert depuis 1810 la plus ancienne communauté anglophone d'origine écossaise du Canada, dont les premiers membres appartenaient au régiment du général Wolfe. L'intérieur du temple, de style palladien peu répandu au Québec, s'orne d'une chaire surélevée orientée vers la galerie de l'orgue, autrefois dénommée « galerie du Gouverneur » (*ci-dessous*).

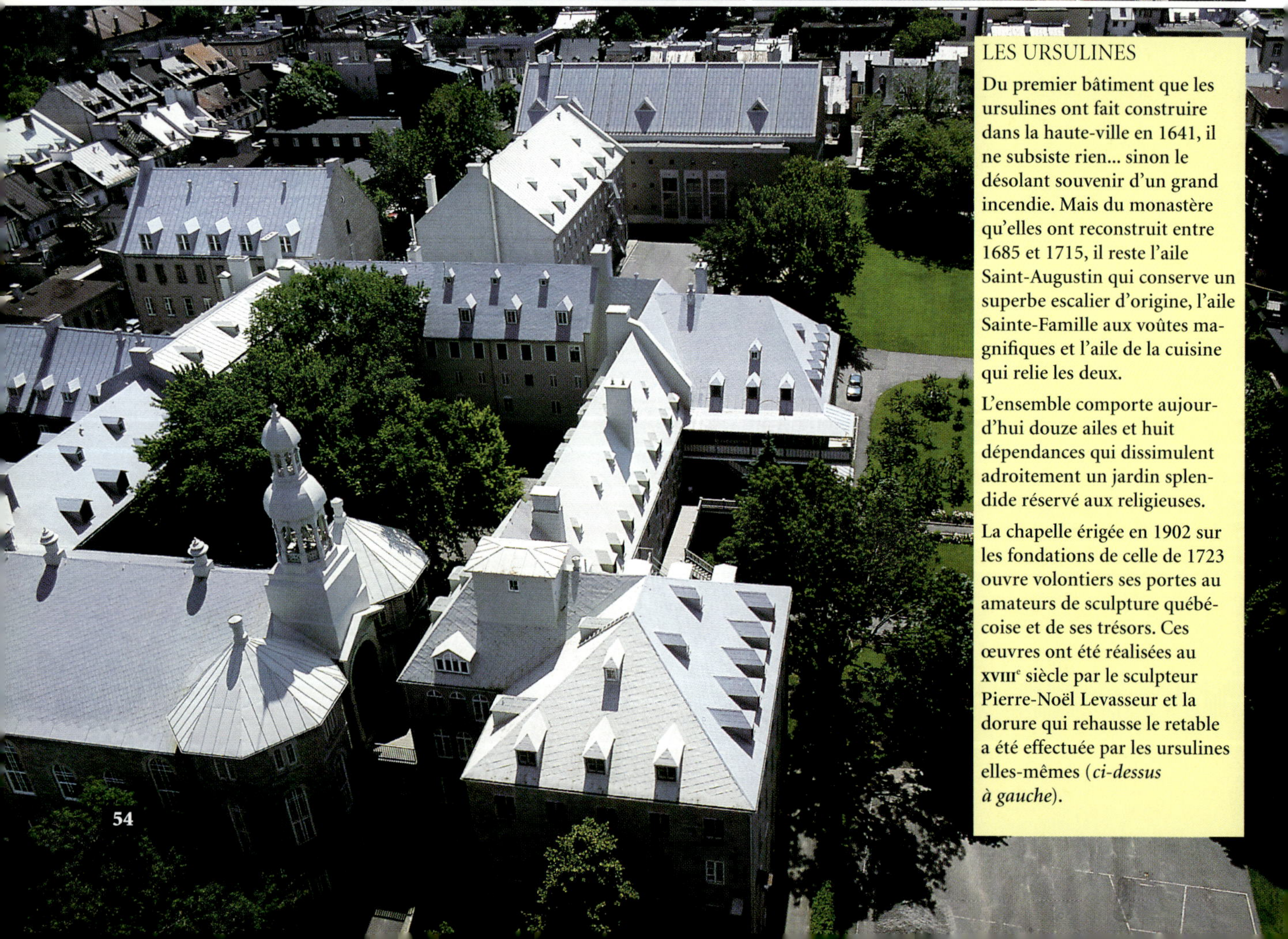

LES URSULINES

Du premier bâtiment que les ursulines ont fait construire dans la haute-ville en 1641, il ne subsiste rien... sinon le désolant souvenir d'un grand incendie. Mais du monastère qu'elles ont reconstruit entre 1685 et 1715, il reste l'aile Saint-Augustin qui conserve un superbe escalier d'origine, l'aile Sainte-Famille aux voûtes magnifiques et l'aile de la cuisine qui relie les deux.

L'ensemble comporte aujourd'hui douze ailes et huit dépendances qui dissimulent adroitement un jardin splendide réservé aux religieuses.

La chapelle érigée en 1902 sur les fondations de celle de 1723 ouvre volontiers ses portes au amateurs de sculpture québécoise et de ses trésors. Ces œuvres ont été réalisées au XVIIIe siècle par le sculpteur Pierre-Noël Levasseur et la dorure qui rehausse le retable a été effectuée par les ursulines elles-mêmes (*ci-dessus à gauche*).

CHAPELLE HISTORIQUE BON-PASTEUR

La chapelle historique Bon-Pasteur date de 1866 et est l'une des dernières œuvres de Charles Baillairgé. D'inspiration classique, elle abrite des trésors du patrimoine : trois autels en bois sculpté dorés à la feuille ainsi que des tableaux et des statues d'une grande valeur artistique (*ci-contre à gauche*).

CHAPELLE DES AUGUSTINES

À l'ombre de l'hôpital Hôtel-Dieu où l'on s'efforce de guérir les corps, subsiste une petite église que les hospitalières ont bâtie en 1800 pour mieux soigner les âmes.

Son imposant portail ionique de style néoclassique a été conçu par Thomas Baillairgé qui, après avoir dessiné les plans de la voûte en anse de panier et du retable en arc-de-triomphe, a tenu à exécuter lui-même, avec l'aide de Raphaël Giroux, les sculptures qui ornent l'intérieur (*ci-contre à droite*).

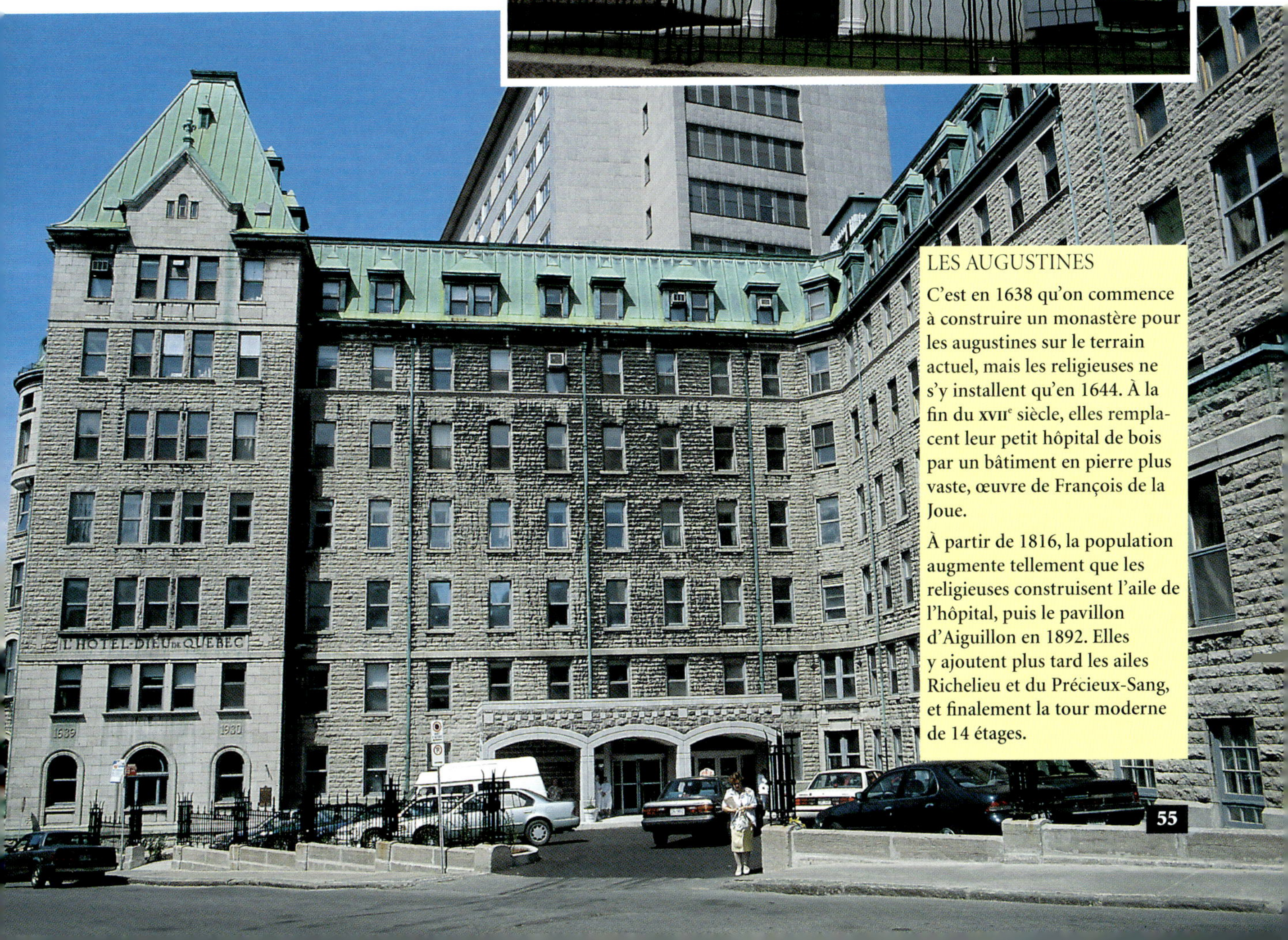

LES AUGUSTINES

C'est en 1638 qu'on commence à construire un monastère pour les augustines sur le terrain actuel, mais les religieuses ne s'y installent qu'en 1644. À la fin du XVIIe siècle, elles remplacent leur petit hôpital de bois par un bâtiment en pierre plus vaste, œuvre de François de la Joue.

À partir de 1816, la population augmente tellement que les religieuses construisent l'aile de l'hôpital, puis le pavillon d'Aiguillon en 1892. Elles y ajoutent plus tard les ailes Richelieu et du Précieux-Sang, et finalement la tour moderne de 14 étages.

Musée de l'Amérique française
BOUTIQUE feejo

Feux Sacrés
Feux Sacrés

BASILIQUE NOTRE-DAME

Quand la flotte anglaise des frères Kirke conquiert la ville en 1629, Champlain fait vœu d'ériger une chapelle à la Vierge Marie si jamais la France reprend Québec. Quatre ans plus tard, il tient promesse en construisant Notre-Dame-de-la-Recouvrance, la première chapelle de la haute-ville.

Édifiée en bois, elle est détruite par le feu en 1640.

En 1647, sur le même site, le gouverneur de Montmagny fait élever une petite église en pierre qu'il baptise Notre-Dame-de-la-Paix, mais qu'il faut bientôt transformer et agrandir parce que François de Laval est nommé évêque de la Nouvelle-France et que l'église acquiert de ce fait le statut de cathédrale. La cathédrale s'écroule sous les bombardements en 1759, mais Mgr Briand s'empresse de la reconstruire sur les mêmes fondations.

Puis les années passent et la cathédrale ne cesse de s'embellir. On l'élève même au rang de basilique en 1874. À la veille de Noël, en 1922, elle est à nouveau incendiée, mais sera reconstruite quelques années plus tard sur le modèle de l'ancienne.

La cathédrale actuelle est donc relativement récente, mais elle garde trace de son évolution dans le temps, car elle révèle le travail de ses différents architectes : Claude Baillif, Gaspard Chaussegros de Léry, Jean et François Baillairgé, Thomas Baillairgé, François-Xavier Berlinguet et, finalement, Raoul Chênevert et Maxime Roisin (*à gauche et en haut à droite*).

LE SÉMINAIRE

Quand on franchit la grille et qu'on passe sous le porche, on se croit presque au XVIIe siècle tant les murs qui se dressent en face de nous ont bien résisté à l'usure du temps (*à droite*).

L'aile de la procure, la plus ancienne, date de 1678 et son cadran solaire marque les heures depuis 1773. On l'a toutefois rehaussée d'un étage après l'incendie de 1865.

Bien que les ailes du Parloir et de la Congrégation n'aient été construites qu'en 1822 et 1823, les trois bâtiments qui encerclent la cour intérieure forment un ensemble homogène et très esthétique avec leurs fenêtres à linteaux et leurs toits imposants.

De nos jours, les prêtres logent à l'arrière, dans le nouveau séminaire. C'est un bâtiment de style Second Empire érigé entre 1879 et 1882 par Joseph-Ferdinand Peachy.

La toiture de l'ancien pavillon central de l'université est attribuée à Peachy, quoiqu'elle ne soit pas d'origine. La première toiture, réalisée par Charles Baillairgé en 1854, était plate et entourée d'une balustrade, mais elle déplaisait aux autorités de l'université qui l'ont fait modifier. C'est ainsi que Peachy a coiffé le pavillon d'un toit mansardé, harmonieusement équilibré par une lanterne et deux lanternons sans lesquels la silhouette de Québec aurait perdu un peu de sa grâce.

ARCHEVÊCHÉ DE QUÉBEC

Érigé de 1844 à 1847 d'après les plans de Thomas Baillairgé, cet édifice d'architecture néoclassique en pierre de taille est la résidence officielle de l'archevêque de la ville qui occupait autrefois le palais archiépiscopal du parc Montmorency, aujourd'hui démoli (*ci-contre*).

PARC DE LA FRANCOPHONIE

Conçu en 1972 par les architectes Schreiber et Williams, le parc du Pigeonnier devient, en 1995, le parc de la Francophonie. Au total, quarante-neuf pays et gouvernements des cinq continents y sont représentés. Le drapeau de la Francophonie, créé à l'occasion du Sommet des pays francophones tenu à Québec en 1987, commémore un événement d'envergure internationale. Pendant la belle saison, ce parc est le théâtre d'événements culturels prestigieux, dont le Festival d'été de Québec (*ci-contre*).

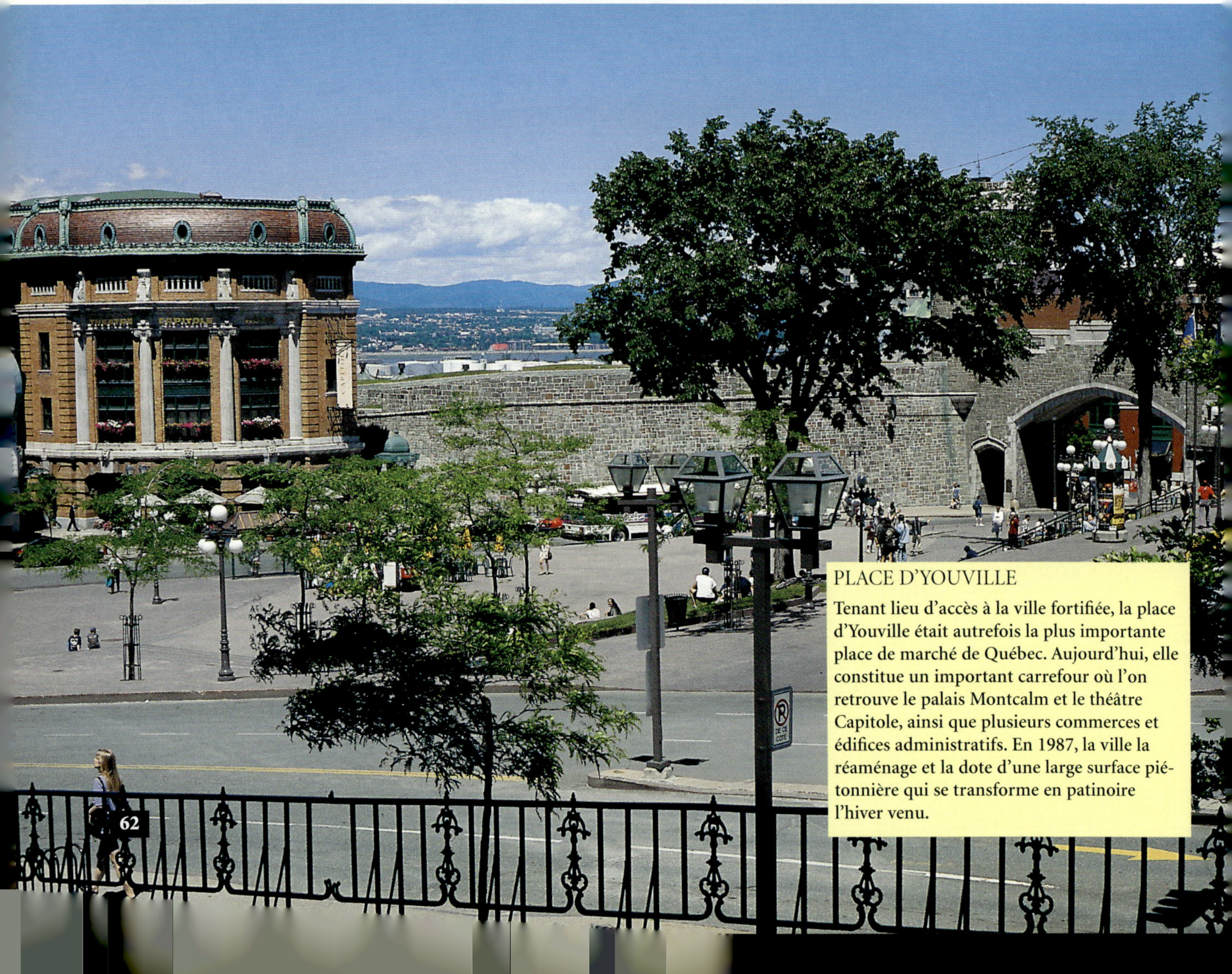

PLACE D'YOUVILLE

Tenant lieu d'accès à la ville fortifiée, la place d'Youville était autrefois la plus importante place de marché de Québec. Aujourd'hui, elle constitue un important carrefour où l'on retrouve le palais Montcalm et le théâtre Capitole, ainsi que plusieurs commerces et édifices administratifs. En 1987, la ville la réaménage et la dote d'une large surface piétonnière qui se transforme en patinoire l'hiver venu.

PARC JEANNE-D'ARC

Situé dans le parc des Champs-de-Bataille, le jardin Jeanne-d'Arc est l'œuvre du paysagiste Louis Perron en 1938. Au centre se dresse la statue équestre de Jeanne d'Arc en hommage aux soldats morts pour la Nouvelle-France au cours de la guerre de Sept ans (*ci-contre*).

PLACE D'ARMES

C'est Samuel de Champlain qui fait défricher le terrain pour les manœuvres de la garnison. Deux siècles plus tard, la vocation militaire cède la place à un jardin public. En 1916, on y élève le monument de la Foi pour commémorer le tricentenaire de l'arrivée des récollets à Québec. Socle néogothique et statue sont respectivement l'œuvre de David Ouellet et de l'abbé Adolphe Garneau (*ci-dessous*).

JARDIN DES GOUVERNEURS

Ce jardin fut aménagé vers 1640 pour le plaisir de Monsieur de Montmagny, gouverneur de la Nouvelle-France. Ce n'est que sous le Régime britannique, à l'époque du gouverneur lord Durham, que le jardin sera ouvert au public. Devenu de nos jours un parc urbain, il conserve la symétrie du jardin français de jadis (*à gauche en haut et en bas*).

TERRASSE DUFFERIN

Aménagée en 1879 par le gouverneur Dufferin, la terrasse du même nom révèle aux visiteurs l'un des plus beaux panoramas du monde, mais la plupart ignorent que sous ses pieds se cache un trésor d'archéologie… les ruines du château Saint-Louis dont la destruction par le feu en 1834 fut une perte inestimable (*à droite et ci dessous*).

Bell
Bell

PARC MONTMORENCY

C'est sur ce site d'exception, à l'entrée de la haute-ville, que Mgr de Saint-Vallier fait construire le premier palais épiscopal en 1693.

Pendant près d'un siècle, l'Église exerce son pouvoir dans ce bâtiment majestueux, œuvre de Claude Baillif, puis elle le cède aux autorités politiques qui en feront le premier parlement. C'est dans l'ancienne chapelle que se tient, en 1792, la première assemblée législative du Bas-Canada dont Québec est la capitale.

En 1831, on demande à l'architecte Charles Baillairgé de construire un véritable Hôtel du gouvernement. En 1854, le nouveau parlement à peine achevé est détruit par un incendie. Il sera remplacé par un bâtiment plus modeste, en briques, qui brûlera à son tour en 1883.

Trois parlements se succèdent donc à cet endroit (*ci-contre*).

Mgr DE LAVAL

Issu d'une grande famille française, François de Montmorency-Laval a consacré sa vie à l'évangélisation de la Nouvelle-France (*à gauche*).

ÉDIFICE LOUIS-S.-SAINT-LAURENT

Construit en 1871, ce bureau des postes canadiennes attendra le début du xxe siècle avant d'hériter de son dôme et de sa façade actuels orientés vers le fleuve. Rebaptisé Édifice Louis-S.-Saint-Laurent en l'honneur du premier ministre canadien, ce bâtiment renferme, de nos jours, outre son traditionnel bureau de poste, un comptoir philatélique et une salle d'exposition du Service canadien des parcs (*ci-dessus et en haut à droite*).

CÔTE DE LA MONTAGNE

Aménagée par Champlain en 1623 pour accéder plus facilement au fort Saint-Louis, la côte de la Montagne est la première rue qui relie la haute-ville à la basse-ville (*ci-contre à droite*).

PLACE ROYALE

L'Amérique française naquit ici, place Royale, le jour où Champlain résolut d'y construire son Abitation.

Cinquante ans plus tard, c'est devenu une place de marché autour de laquelle se groupent les demeures des négociants. Par une nuit de l'été 1682, ces maisons de bois deviennent la proie de flammes si hautes et si ardentes que les deux tiers des maisons de la basse-ville sont consumés. On les reconstruit sans tarder, mais en pierre cette fois. L'endroit prend le nom de place Royale lorsqu'on y installe le buste de Louis XIV. Une église y est également érigée et l'activité commerciale reprend.

Au cours du siège de Québec, les bombardements éventrent les maisons. Elles sont à nouveau reconstruites et la place Royale deviendra un lieu de négoce très achalandé pendant les années prospères du commerce maritime.

Plus tard, les chantiers navals ferment l'un après l'autre, le commerce maritime décline et l'endroit, déserté, connaît une période de stagnation jusqu'à ce qu'il se découvre une vocation touristique grâce à un ambitieux programme de restauration.

Quand on a restauré la place Royale, on lui a redonné l'aspect qu'elle avait au milieu du XVIIIe siècle.

NOTRE-DAME DES VICTOIRES

le Relais
NOTRE
DAME
LOVIS XIV

NOTRE-DAME-DES-VICTOIRES

Notre-Dame-des-Victoires a perdu son crépi depuis ce dimanche de 1830 où Cockburn l'a peinte sur toile. À l'époque, elle avait déjà beaucoup changé par rapport à l'église autrefois bâtie sur les ruines du magasin de Champlain.

Elle portera d'abord le nom de Notre-Dame-de-l'Enfant-Jésus, en 1688 puis elle sera rebaptisée Notre-Dame-de-la-Victoire quand Frontenac réussit à repousser l'armée anglaise de Phips en 1690. Elle deviendra plus tard Notre-Dame-des-Victoires au moment du naufrage de la flott d'invasion britannique de l'amiral Walker sur les récifs des Sept-îles, en 1711.

Pourtant la chance tournera et les bombardements de 1759 en détruiront la charpente. On s'emploiera donc à la réparer, à la remodeler, pui à la restaurer, mais en lui conservant toujours son charme initial (*à gauche et ci-dessous*).

MAISON CHEVALIER

Partie prenante de l'ensemble architectural de l'hôtel Jean-Baptiste-Chevalier, la maison Chevalier comprend deux corps de logis perpendiculaires, construits en 1752 pour l'armateur Jean-Baptiste Chevalier. Ses voisines, la maison Frérot, au toit mansardé, et la maison Dolbec datent, quant à elles, d'époques différentes. La restauration de ces bâtiments, opérée entre 1955 et 1962, marque une étape décisive dans la conservation du patrimoine domiciliaire du Vieux-Québec (*en bas à droite*).

ESCALIERS

Québec compte, autour du cap Diamant, vingt-huit escaliers qui totalisent deux mille cinq cents marches (*ci-contre à droite*)

CUL-DE-SAC

BATTERIE ROYALE

C'est Louis XIV lui-même qui ordonne la construction de la Batterie Royale au lendemain du siège de Québec par les Britanniques. Cet ouvrage défensif est exécuté en 1691, selon les plans de l'architecte Claude Baillif et de l'ingénieur Jean-Baptiste-Louis Franquelin, et sert effectivement à la défense de Québec lors de la Conquête de 1759. Oubliée pendant deux siècles, la batterie sera mise au jour en 1972 lors de fouilles archéologiques (*ci-contre à gauche*).

GARE DU PALAIS

La gare du Palais, autrefois désignée sous le nom de gare Union, est érigée en 1915 par le Canadien Pacifique selon les plans de l'architecte new-yorkais Harry Edward Prindle. S'inspirant des châteaux de la Loire, la gare du palais ressemble au Château Frontenac. Son hall d'entrée de 18 mètres est baigné d'une lumière naturelle que laisse filtrer l'immense verrière de la façade et les puits en verre décoratif de la toiture (*ci-dessus*).

Jardin Saint-Roch (*à droite*).

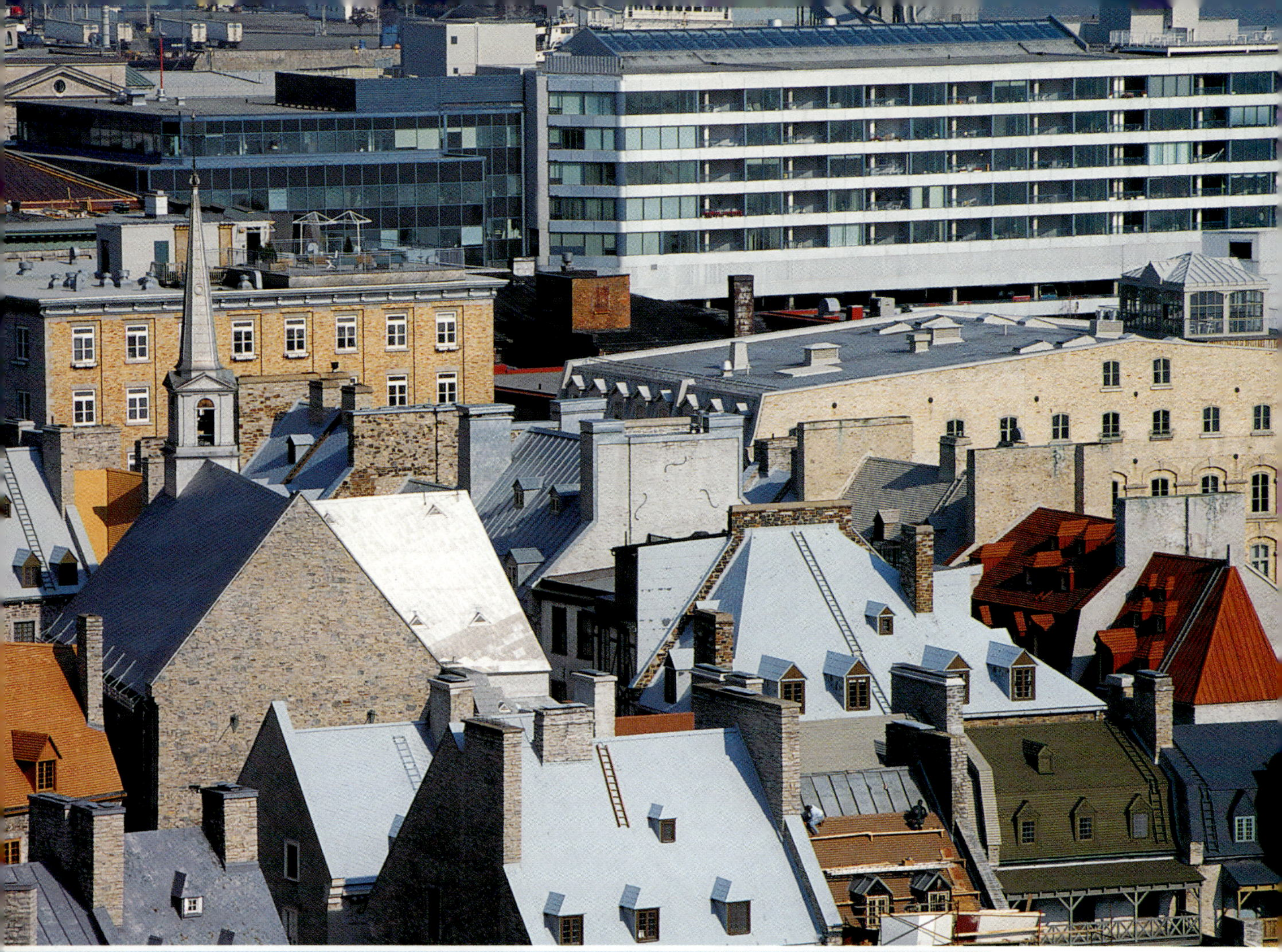

FLEUVE SAINT-LAURENT

Les Amérindiens l'on gratifié du nom de « rivière qui marche ». Cartier l'a baptisé Saint-Laurent.

Les riverains disent la « mer » car ses eaux sont salées jusqu'à la pointe de l'île d'Orléans.

Au début, le fleuve, c'était par où tout arrivait : les riches comme les pauvres, les amis comme les ennemis, les ravitaillements comme les épidémies. On atteint toujours Québec par le fleuve, non plus par nécessité, mais par choix... pour admirer la ville sous son meilleur profil.

Louis Jolliet
Louis Jolliet
M/V Louis Jolliet
M/V LOUIS JOLLIET

TRAVERSE DE LÉVIS

La première traversée Lévis-Québec eut lieu le 11 mai 1818 et s'effectua en... vapeur! La traversée durait un quart d'heure. C'est John Caldwell, fils du seigneur de Lauzon, qui fut l'instigateur de ce projet. Depuis 1971, la Société des traversiers du Québec continue d'assurer ce service aux passagers et à leurs véhicules. À bord du traversier, on peut admirer le panorama grandiose de la ville de Québec à partir d'un point de vue unique.

QUÉBEC
LÉVIS
200 m
RAPPEL
15

Vues de Québec, les Laurentides laissent entrevoir l'immensité de l'arrière-pays.

TRAGÉDIES DE LA CONSTRUCTION DU PONT DE QUÉBEC

Le 29 août 1907, à New York, l'ingénieur responsable de la construction du pont de Québec prend connaissance d'un rapport d'inspection inquiétant. Il tente de communiquer avec la ville de Québec.

Son message parvient trop tard. L'élégante structure s'écroule dans un bruit d'enfer. Quand les badauds accourent sur les lieux, le pont n'est plus qu'un enchevêtrement de pièces d'acier tordues dans lesquelles sont emprisonnés une centaine d'ouvriers. Parmi eux, 76 sont déjà morts. L'enquête royale conclut à une désastreuse erreur de calcul de la part des ingénieurs.

On conçoit de nouveaux plans, on reprend la construction des piliers et neuf ans plus tard, une nouvelle structure est prête à soutenir la travée centrale. Le 11 septembre 1916, on commence lentement à la hisser, mètre après mètre, au moyen de treuils et de câbles d'acier, mais soudainement la charpente se tord, les appuis cèdent et la masse de métal s'abîme dans le fleuve sous les yeux des premiers ministres du Canada et du Québec. Treize nouvelles victimes parce qu'une pièce s'est brisée inopinément...

C'est finalement un an plus tard, qu'une deuxième travée sera mise en place et cette fois, définitivement.